SAM SMITH

샘 스미스

앨범 오리지널 악보집

score

SAM SMITH

이미지 제공 Universal Music

1992년 영국 런던에서 태어난 샘 스미스(Sam Smith)는 데뷔앨범 [In The Lonely Hour] (2014) 한 장으로 단숨에 세계음악시장을 평정한 소울 가수다. 특히 첫 앨범에서 선보인 원숙한 가창력과 유려한 음색은 20대 초반이라는 나이가 믿기지 않을 정도로 큰 울림을 남겼다. 이로써 샘 스미스는 영국 소울·알앤비계의 새로운 중심으로 자리했다.

샘 스미스의 성공은 꾸준한 연습과 준비가 낳은 결과였다. 그는 어려서부터 노래와 작곡법을 배우고 합창 활동에 집중한 것은 물론 유스뮤직시어터(Youth Music Theatre)에 들어가 자신의 음악적 가능성을 타진하기도 했다. 이 과정에서 에이미 와인하우스(Amy Winehouse) 의 [Frank](2003)와 마리아 메나(Maria Mena)의 [Cause And Effect](2008)와 같은 앨범들은 샘이 앞으로 나아가야 할 음악적 방향을 제시했다.

이후 싱어송라이터의 길을 걷기 시작한 샘은 먼저 피처링 아티스트로 두각을 나타냈다. 일렉트로니카 듀오 디스클로저(Disclosure)의 싱글 〈Latch〉(2012)와 신인 프로듀서 노티 보이(Naughty Boy)의 싱글 〈La La La〉(2013)에 실린 그의 목소리가 대중의 호기심을 자극했다. 특히 〈La La La〉가 영국 차트 정상에 오르면서 샘의 인지도는 급상승했다.

2013년 한 해 동안 싱글 〈Lay Me Down〉과 〈Money On My Mind〉, EP [Nirvana]를 발표한 샘은 데뷔앨범 준비에 박차를 가했다. 이러한 흐름에 윤활유 역할을 한 것은 다름 아닌 평단이었다. 샘은 BBC가 선정하는 유망주 리스트인 '사운드 오브 2014(Sound of 2014)'에서 정상을 차지한 데 이어 2014년 브릿 어워드에서 발표한 '크리틱스 초이스(Critics' Choice)' 부문 수상자로 선정되었다. 이와 같은 겹경사는 2014년부터 시작될 샘의 전성기를 예고했다.

세 번째 싱글 〈Stay With Me〉(2014)로 전열을 가다듬은 샘 스미스는 2014년 5월 대망의 첫 번째 앨범인 [In The Lonely Hour]를 발표했다. 이미 화제를 모았던 평단의 찬사와 싱글의 선전 덕에, 앨범은 영국 차트 정상은 물론 전 세계 여러 나라에서 큰 성공을 거두었다. 이후에 앨범에서 나온 싱글 〈I'm Not The Only One〉과 〈Like I Can〉 역시 영국 차트 톱텐에 진입했다. 샘 스미스와 [In The Lonely Hour]를 향한 열기는 쉽게 가라앉지 않았다.

결국 샘 스미스는 2015년에 열린 그래미 어워드에서 4개의 트로피를 거머쥐는 쾌거를 올렸다. 샘 자신이 '최우수 신인'에 등극한 것은 물론 〈Stay With Me〉로 '올해의 레코드'와 '올해의 노래' 부문을, [In The Lonely Hour]로 '최우수 팝보컬 앨범' 부문을 수상했다. 이로써 샘 스미스와 [In The Lonely Hour]는 2014년 최고의 히트상품으로 공인 받았다.

● ● ● ●

본 악보집은 [In The Lonely Hour]의 애잔한 감성을 고스란히 담고 있다. 스탠더드 에디션의 10곡 전체와 보너스 트랙 2곡을 아울렀고 무엇보다 샘 스미스의 히트싱글이 모두 있어 그 매력은 더할 나위 없다.

이 악보집의 가장 큰 특징은 높은 활용도에 있다. 보컬과 피아노는 기본이요, 음표 위로 이어지는 코드를 통해 기타까지 연주할 수 있다. 그러니 자신이 원하는 바에 맞게 악보를 효율적으로 활용하기만 하면 된다. 앨범만큼 애착이 갈 수밖에 없는 구성임에 분명하다.

앨범 [In The Lonely Hour]는 샘 스미스의 개인적이면서도 애절한 사랑 이야기와 다채로운 소울 음악을 담고 있다. 이러한 결과물을 자신만의 감성과 방법으로 소화하는 데 이 악보집의 역할은 상당할 것이다. 이제 남은 것은 진지한 감상과 부단한 연습뿐이다. 물론 이 두 가지는 모두 여러분 개인의 몫이다.

– 김두완(월간 '비긋' 컨트리뷰터) –

팝 아티스트 송북 Vol.1

SAM SMITH

CONTENTS

01. Good Thing

Words and Music By
Sam Smith and Eg White

1. I had a dream I was mugged out side your house   I had a
2. We — talk may-be twen-ty times a —

be - fore   I   fall.

02. I've Told You Now

Words and Music By
Sam Smith and Eg White

03. I'm Not The Only One

Words and Music By
James Napier and Sam Smith

1.You and me, we made a vow for bet - ter or for worse.

04. Leave Your Lover

Words and Music By
Sam Smith and Simon Aldred

♩ = 70

1. I don't have much to give, but
2. We sit in bars and raise our

I don't care — for gold. — What use is mon - ey, when you need some-one — to hold? —
drinks to grow - ing old. — Oh, I'm in love with you and you will nev - er know. —

Don't have di - ree - tion, I'm just roll - ing down — this road, — wait - ing for you to bring me
But if I can't have you I'll walk this life — a - lone, — spur you the ris - ing storm and

05. Latch(Acoustic)

Words and Music By Samuel Smith,
Guy Lawrence, Howard Lawrence and James Napier

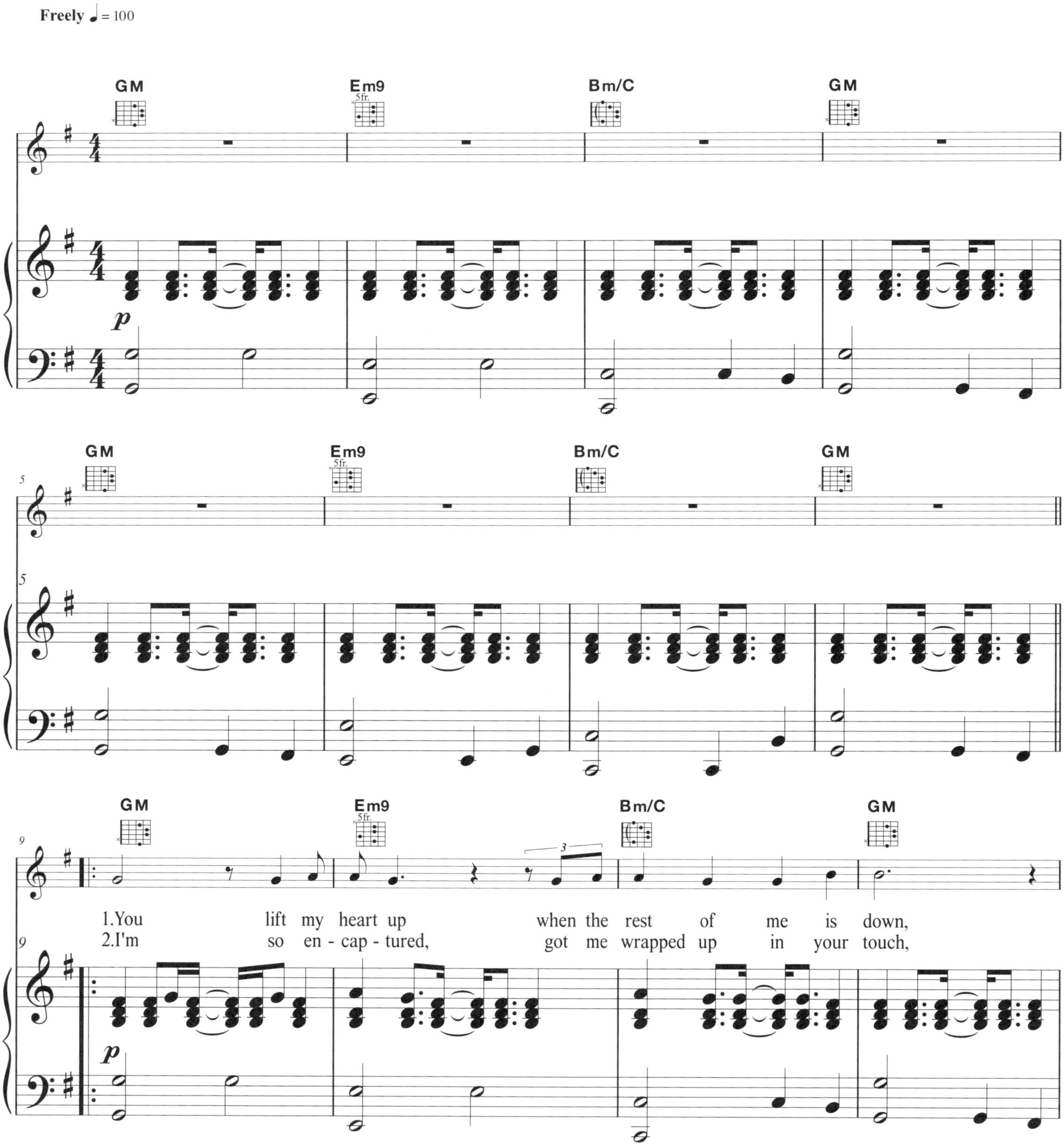
Freely ♩ = 100
GM
Em9
5fr.
Bm/C
GM
p
5
GM
Em9
5fr.
Bm/C
GM
9
GM
Em9
5fr.
Bm/C
GM
3
1.You lift my heart up when the rest of me is down,
2.I'm so en - cap - tured, got me wrapped up in your touch,
p

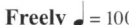

06. Lay Me Down

Words and Music By
Sam Smith, James Napier and Elvin Smith

07. Life Support

Words and Music By
Sam Smith and Benjamin Ross Ash

08. Stay With Me

Words and Music By Jeff Lynne, Samuel Smith,
James Napier, William Phillips and Tom Petty

09. Like I Can

Words and Music By
Sam Smith and Matt Prime

1. He could be a sin-ner, — or a gen-tle-man. He could be your preach-er — when your soul is danned He could be your law-yer — — — on a — wit-ness stand — — but he'll nev-er love you like I can, can.

2. He could be a stran-ger — you gave a see-ond glance. He could be a tro-play — of a
(3.) count-er — — of-cir-cum-stance May-be, he's a man-tra — kiips your

10. Make It To Me

Words and Music By
Sam Smith, James Napier and Howard Lawrence

1. My mind runs a-way to you — with the thought I hope you'll see — Can't see where it's wan-dered to, — but I know where it wants to be. —
2. So sick of this lone-ly air — it seems such a waste of breath. — So much that I need to share, — so — much to get off my chest —

I'm wait-ing pa-tient-ly   though time is mov-ing slow   I have one va-can-cy   and I want-ed you to know. That

11. Money On My Mind

Words and Music By
Sam Smith and Benjamin Ross Ash

1. when I signed my
deal I felt pres-sure. Don't want to see the num-bers, I want to see heav-en. You say could
2. wrong, I wanna kipp it mov-ing I know what that re-quires, — — — I'm not fool-ish. Please can —

you write a song for me. I say I'm sor-ry I won't do that hap-pi-ly. — when I go
you make this work for me. 'Cause I'm not a pup-pet I will work a-gainstyour strings. — — —

12. Not In That Way

Words and Music By
Samuel Smith and Fraser Thorneycroft-Smith

팝 아티스트 송북 Vol.1

SAM SMITH

발 행 인	최우진
편 집	조나단 송혜진 원태경 유경아
디 자 인	이주원(표지) 김옥분(내지)
편 곡	송은지
영 업	현석호
관 리	김정숙
발 행 처	(주)스코어 대표 정상우
등 록	2012년 6월 7일 제313-2012-196호
I S B N	978-11-5780-016-2(13670)

주 소	서울시 마포구 동교로 13길 34(121-896)
전 화	02)333-3705
팩 스	02)333-3745
	www.allmusicscore.com
	www.openhousebooks.com

판 매 원	오픈하우스